Reciclando Centavos
Desechando Millones

Reciclando Centavos Desechando Millones

Reducción de desechos solidos
Y
Plan alternativo sostenible de reciclaje

Miguel Ángel Saavedra

To order additional copies of this book, contact:
Xlibris
1-888-795-4274
www.Xlibris.com
Orders@Xlibris.com
724243

CONTENTS

Dedicatoria

En primer lugar, agradezco a Dios, que me guía día a día y me da toda la fuerza; a mis padres; a mi familia; y a Luz, mi esposa, que soporta este trío amoroso formado por ella, la compañía y yo (dice que estoy casado con la compañía). Gracias por "aguantarme"; te amo.

Agradezco a Jeison, Alfredo, Michael y César, mis hijos, que tantas alegrías y satisfacciones me han dado.

También quiero agradecer a todos mis amigos; a mis colegas que trabajan en la industria del reciclaje: Willie Goode, Bruce Bates, Cordell Proctor. Gracias por la oportunidad de trabajo y porque creyeron en mí.

A todos mis ex compañeros de trabajo, grandes amistades que dejé y con las que todavía mantenemos lazos de unión. Especialmente, a Salvador Sanchez, Rudy Reyes, Darlene Palmer, Sabrina Danley, Sam Evans, Arturo Evans, Mike Red Miles, Jerald Boyd, Nelson Jaime, Robert Johnson, Vincent Washington, Eduardo Molina, Al Colochin.

A mi hermano Marco Saavedra, a mi primo Francisco Mendez y a mi hermano Antonio Saavedra, que colaboró aportando fotografías de México.

Este libro está dedicado a todas las personas que trabajan o trabajaron, a aquellos que nos dejaron y se nos adelantaron, y ya no están con nosotros. A toda la industria en general, de forma directa o indirecta, en cualquier parte del mundo.

Mi historia

Mi nombre es Miguel Ángel Saavedra, y esta es mi historia. Nací en Mixquitepec, municipio de Guadalupe Santana, en el estado de Puebla, en México. A consecuencia de que a mi madre Esperanza se le antojaron elotes y viajó embarazada al pueblo de mi padre Antonio, durante su estadía allí comenzó con dolores de parto. Esto fue el 15 de octubre de 1973. No había médicos en ese pueblo, ni a kilómetros alrededor. Mi abuelita Guadalupe tuvo que recurrir a la partera: así fue como vine a este mundo. Después de varios días de rehabilitación del posparto de mi madre, regresamos a mi casa en la colonia La Perla, en la ciudad de Nezahualcóyotl, en México, donde viví toda mi infancia y parte de mi adolescencia. Durante mi niñez asistí a la escuela pública Generalísimo Morelos, en la colonia las Águilas, en la ciudad de Nezahualcóyotl. Fue muy chévere porque ahí aprendí a leer y escribir, y a compartir. Conocí a buenos amigos que conservé hasta muchos años, con quienes incluso hasta el día de hoy nos mantenemos en comunicación. Tal es el caso de mi gran amigo Gonzalo Gonzales o el de amigos de mi mismo vecindario, con los que crecimos juntos (como mi amigo y compadre Emanuel Rodriguez Valencia).

En mi educación de secundaria. No era un estudiante brillante, pero tampoco era malo.

Mis estudios en la escuela telesecundaria resultaron al principio un poco difíciles, ya que en ese tiempo ingresaban muchos estudiantes problemáticos que venían de diferentes localidades de las diferentes colonias. Eran chicos mucho más grandes de edad y de tamaño. El *bullying* era una de las actividades cotidianas en la escuela, pero yo nunca fui una víctima de este. Era un chico muy interactivo que tenía amigos en toda la escuela, chicos del barrio que asistían a esa escuela. Yo tenía, como decíamos en aquellos tiempos, "paro" (respaldo de amigos). Estaba "apadrinado" por otros estudiantes. Durante el Mundial de México 86 recuerdo que cambiábamos de canal en el televisor para mirar el partido de México.

Una vez graduado de la secundaria, participé de la convocatoria al Heroico Colegio Naval Militar. Completé todos los requerimientos, pero necesitaba fondos para uno de los exámenes y tenía que pedírselos a mis padres. Después de haber debatido si usaba esos fondos, terminé echando todo por la borda, pues sentía que podía usar ese dinero en algo más importante, como para la casa. Me sentía mal, como si fuese una carga para mis padres, y decidí esperar a otra convocatoria. Esto jamás ocurrió.

Entonces ingresé al Colegio de Bachilleres plantel 7 Iztapalapa… ¡qué lindos recuerdos! Pero solo cursé dos semestres.

En 1991, durante una visita de mi tío Ángel Saavedra (que había ido a México desde Estados Unidos), mis familiares me persuadieron de que de alguna manera tenía que colaborar en la economía de mi familia. Tenía que trabajar.

En 1991 emigré a los Estados Unidos. No necesité un pasaporte ni una visa. Ingresé por Tijuana solo. Así emprendí mi aventura. Ya instalado en Maryland, no fue fácil: el idioma fue mi primera barrera. La población hispanoparlante era muy poca, casi nula. Sabía que, si quería triunfar en mi nuevo hogar, tenía que romper la barrera del inglés. Las iglesias y escuelas nocturnas que enseñaban inglés gratuito fueron mis alternativas. En la Northwestern High

School hice 5 niveles de inglés solo dos días por semana, por las tardes. Era muy consciente de mis prioridades y de que a mi nuevo hogar había ido a trabajar, no a estudiar. De todos modos, no me iba a dar por vencido pues, si podía dominar el idioma, podría tener mejores oportunidades laborales y podría continuar mi educación académica. Después de haber terminado todos mis estudios gratuitos en ESOL *(English as a Second Language)*, tuve que continuar con mi aprendizaje en instituciones privadas: el instituto Lado (en Silver Spring, en Maryland) y en la escuela Sanz, en el Distrito de Columbia (Washington DC). No fue fácil, ya que estudiaba después de haber trabajado ocho horas o más en la construcción reparando avenidas. También estudiaba los fines de semana.

En 1992 dejé de trabajar en la construcción y comencé a hacerlo en la industria de basura y reciclaje, donde se nos había ocurrido solicitar empleo a mí y a mi primo Joel Saavedra. En esa época mi inglés era casi nulo. Con dos o tres palabras y con bastante mímica nos hicimos comprender. Cuando hubo puestos disponibles nos contrataron. (Luego mi primo Joel regresó a la industria de la construcción). En ese entonces recién comenzaba la industria del reciclaje. En el Condado de Montgomery County, en el estado de Maryland, solo se reciclaban papel periódico, plásticos, vidrio, aluminio y metales. Sam Evans era el jefe de Operaciones y hoy es mi mejor amigo. Él estaba encargado de las operaciones de Eastern Waste Industries. Trabajé como ayudante de camión recolector de basura y reciclaje. En 1995 Eastern Waste Industries fue vendida a BFI *(Browing Ferris Industries)*, el segundo gigante de Norteamérica. Yo no estuve en ese período de traspaso de empresa, pues volví a México ese año.

Ya de vuelta en Estados Unidos, mi estado civil había cambiado, pues había contraído matrimonio con una hermosa colombiana. Con mi experiencia previa en la industria, ingresé a BFI. Durante el tiempo que trabajé en BFI, logré obtener mi licencia de conductor comercial para operar camiones. En noviembre de 1996 los contratos de servicio de recolección de basura en Montgomery County vencían, y BFI no pudo retener la licitación de renovación de contratos. Eso fue el fin de mi empleo en esa compañía. Unity Disposal and Recycling y el Recycling Center habían sido favorecidos con las nuevas licitaciones y fui a buscar trabajo nuevamente.

En noviembre de 1996 comencé a trabajar para Unity Disposal and Recycling como conductor de camiones y un tiempo después Cordell Proctor, el gerente general de esa empresa, me ofreció un puesto de supervisor de ruta. Le contesté un no rotundo, lo cual lo asombró. Me preguntó entonces por qué no quería aceptar la propuesta. Le respondí que había visto a más supervisores perder su puesto que a operadores de camiones, y yo no quería ser parte de esa estadística. Finalmente me comprometí con la compañía y acepté el reto de la mano de Cordell Proctor. Este fue mi mentor y me supo guiar. Tenía muchas ganas de salir adelante y de perfeccionarme no solo en el manejo de personal, sino también en estadísticas y administración de la misma empresa, además de estudiar el tema de seguridad. Unity Disposal and Recycling abrió sus puertas en noviembre de 1996 con solo 7 camiones de basura y reciclaje. La compañía aumentó esta cantidad de vehículos a 83 en 17 años durante los que trabajé con ellos. Allí fui encargado del departamento de Operaciones y logré tener el mismo puesto que mi amigo y colega Sam Evans tenía en EWI en 1991 cuando lo había conocido y me había contratado por primera vez en la industria. Él y Cordell Proctor fueron guías muy importantes en mi desarrollo como profesional en la industria.

En julio de 2014 inicié mi nueva aventura como CEO *(Chief Executive Officer)* y propietario de Elegant Recycling and Refuse Services Inc. Terminé mi preparatoria abierta, o su equivalente, lo que se conoce en Estados Unidos como GED *(General Education Development)*. Me mantengo como estudiante activo y sigo con mis estudios, cuando el tiempo me lo permite, en Howard Community College, en Columbia (Maryland). Continúo casado y tengo 4 hijos maravillosos que le dan energía a cada día de mi vida.

El propósito de este libro

La creación de este libro es para mí un sueño hecho realidad; es una contribución a la sociedad. Sería muy mezquino de mi parte no compartir información con el fin de persuadir a la sociedad de mantener un mundo más limpio y de generar más empleos, que tanta falta nos hacen. Quiero mostrar una nueva oportunidad de reutilizar materiales, depositándolos de manera responsable en los lugares adecuados, para reducir las toneladas de basura que tanto daño hacen a nuestra madre Tierra. Hacerlo apropiadamente generaría una nueva industria, con más recursos para impulsar la economía mediante nuevas empresas.

Miguel Saavedra y su hijo Alfredo jugando

Unity Disposal, Oficina de Laurel (año 2000) con una canasta de reciclaje al final de los 90

Camión de 18 ruedas cargado de basura en cubos. Long Island (NY). (Año 2005). (Foto de Miguel Saavedra)

Descargando basura en cubos. Charles City (VA) (Año 2005). (Foto de Miguel Saavedra)

Definitivamente, ayudar al medioambiente es la misión de este proyecto. Es responsabilidad de todos y de cada uno de nosotros, no solamente de algunos. Es responsabilidad de todo el mundo. Se puede ayudar de muchas formas y, entre esas formas, está este libro. Es mi responsabilidad social con todos y con cada uno de ustedes. Esta es la semilla que estoy plantando para mejorar el medioambiente, mi contribución de mis conocimientos de más de veinte años de trabajo en esta industria. La reducción de desechos sólidos ya en la actualidad es un problema muy grave. Los tiraderos de basura a campo abierto generan la proliferación de la pepena, lo que a su vez se convierte en un problema arduo de salud. Atentan contra la imagen de nuestra sociedad. El acumulamiento de gases que penetran el subsuelo y el aire contaminan y afectan a la respiración. Toda esta situación se debe al mal manejo del tema por parte de los municipios.

La creación de un plan alternativo sostenible de reciclaje en Latinoamérica es el objetivo de este plan y también para quien de manera directa o indirecta se pueda beneficiar con este modelo. Los países que cumplen con los estándares internacionales de protección al medioambiente ya cuentan con estructuras sólidas. Latinoamérica necesita incentivar reformas no solo relacionadas con el reciclaje, sino también con la energía, como algunas reformas propuestas por el Gobierno de México.

Se necesita una reforma vinculada con el medioambiente con la que se beneficien de manera directa la clase pobre y la clase media, sin por eso dejar afuera la inversión corporativa. Esto se logra con la reducción de desechos sólidos y con el plan de reciclaje alternativo sostenible. Hay que incentivar reformas que protejan el medioambiente y que incentiven a los residentes locales mediante un beneficio directo de los diversos programas. La educación, concientización y participación ciudadana es la clave de la reforma: hay que crear una nueva cultura en pensamiento y acción. Además, este modelo generaría nuevas oportunidades laborales. No solo los recolectores, los transportistas y los separadores se van a beneficiar directamente con este concepto, sino también la comunidad universitaria, quizá hasta con ambición empresarial: ingenieros, administradores de empresas, contadores, secretarias, ingenieros en computación, programadores. Sobre todo porque este modelo no solo se limita a la recuperación de materia prima, sino que también promueve la producción nacional de artículos de materia prima reciclada.

Hay que enseñar a nuestros compatriotas y paisanos a reutilizar los materiales para hacer crecer las microempresas. Por ejemplo, actualmente las llantas son un problema en la ciudad. Aquí entran en acción los ingenieros. Del derivado en polvo de las llantas comenzaremos a fabricar tapetes para la entrada de la casa, o quizá mezclemos el polvo de llanta con el asfalto de pavimentar las calles. En este caso los utilizaríamos para fabricar tapetes acolchonados para parques de juegos de niños. Esto ya es una realidad en los Estados Unidos. En Latinoamérica la estamos esperando.

Los pequeños empresarios quizá piensen que se necesita una cantidad enorme de capital para comenzar. La verdad, sí, pero no para mi gente en Latinoamérica, que es muy creativa. Tal vez para comenzar se necesite ser creativo pero, en cuanto la empresa genere dividendos, estos se podrán reinvertir en la misma empresa.

En Latinoamérica se pueden armar equipos de trabajo. Tenemos ingenieros muy capaces. Podemos fabricar artículos con las normas de seguridad que establece la ingeniería local. El mercado, pese a que ya se recicla de manera artesanal, sigue siendo virgen. Hay operadores, recolectores, que trabajan por muy poco dinero y están expuestos a enfermedades y peligros constantes. Cuentan con un sindicato que los representa, pero de igual manera poco o nada cambia. Continúan expuestos a peligros y, en algunos casos, maltratan animales que utilizan como herramienta de trabajo, caballos en junglas de asfalto, fuera de su hábitat, que jalan una carreta para transportar basura y son obligados a andar grandes distancias. Yo propongo a los Gobiernos grupos sindicalistas que se pongan a trabajar por un mundo mejor. Olvidémonos de nuestras preferencias por tal o cual partido y que los sindicalistas velen por sus seguidores y actúen por un mejor país. Sembremos la semilla para nuestras futuras generaciones, que tengan un mundo más verde y saludable. Dejemos a nuestros hijos, nietos y bisnietos un mejor país. Hagamos que se sientan orgullosos de todos nosotros. Los que resolvimos dar el primer paso, apoyados por aquellos que toman la decisiones, no solo haremos lo que es correcto, sino que también mejoraremos nuestra propia economía. Esto se verá reflejado en nuestras comunidades, con un mejor presupuesto de la municipalidad por los ahorros de los desechos sólidos y por las ventas de los diversos productos recuperados.

Rodrigo Cruz hizo un reportaje para el New York Times, publicado en inglés el 16 de febrero del 2012.

La basura, un tesoro digno que debe ser defendido para algunos en México

Una vez cerrado el sanitario en el poniente de la ciudad de México por el bien de todos, las estrategias dadas a conocer por las autoridades han decidido la vía rápida para reciclar. El Alcalde Marcelo Ebrad, de la Ciudad de México, se presentó el 19 de diciembre para cerrar el tiradero de 975 acres y para anunciar el proyecto de una central eléctrica alimentada por gas metano del vertedero. Prometió a los pepenadores que se podían quedar. Mil quinientas personas, entre pepenadores y recolectores, dependen día a día de su propio sustento y del de sus familias.

Con esta nueva estrategia del Gobierno, el Bordo (tiradero) se convierte en un centro de separación de la basura al 100%, transportada de distintos puntos de la ciudad. Una vez descargados los camiones y depositada la basura en el Bordo, cientos de personas realizan la separación manual de reciclaje. Una vez terminada la extracción de reciclaje de los desechos sólidos, la basura que queda vuelve a ser cargada en los camiones y posteriormente transportada a tiraderos fuera de la Ciudad de México.

Se estima que solo el 10% de reciclaje puede ser rescatado de la basura mediante este sistema, y por estos esfuerzos cada pepenador gana en promedio de USD 39.00 a USD 62.00 a la semana.

"Desde que el Bordo fue cerrado, la cantidad de basura se ha reducido considerablemente. Los camiones del vecindario cuentan con pepenadores voluntarios que cavan a través de la basura y reciclan más que los que trabajan en la separación en el Bordo. Los que trabajan aquí tienen menos enfermedades", dice Andrés Castellanos, un voluntario.

Héctor Castillo Berthier, sicólogo de la Universidad Nacional Autónoma de México, estima que en esta ciudad un cuarto de millón de personas dependen de la basura directa o indirectamente, dato que evidencia falta de previsión en los planes oficiales de la ciudad de México: no hay plan A, y mucho y mucho menos un plan B.

La ciudad de México inició la aplicación de una ley mediante la separación de residuos orgánicos que se utilizan como combustible alternativo. La empresa Cemex (Cementos de México) utiliza este tipo de basura para sus hornos de cemento.

Actualmente muchos países están buscando vías alternativas de energía limpia (clean energy) y no se puede concebir que en muchas regiones de Latinoamérica no se tenga un plan sostenible del manejo de los desechos sólidos.

En el noticiero de Univisión, mostraron que una de las ciudades de Cali del municipio de Colombia había agotado el presupuesto de reparaciones de los vehículos y los recursos económicos para continuar los servicios de recolección de basura. Y también publicaron la noticia de la destitución del Alcalde de Bogotá, Gustavo Petro, por su malogrado plan de limpieza en la ciudad. Este no es solo un problema de México y de uno de sus municipios: es un problema latinoamericano, además del de muchas otras regiones del mundo.

El 26 de diciembre del 2012 Redacción Bogotá publicó en El tiempo. com la siguiente noticia: "El Alcalde de Bogotá fue destituido y sancionado por 15 años a cualquier cargo público por inhabilidad y por falta de capacidad. **Gustavo Petro** otorgó dos licitaciones por 24,000 millones de pesos colombianos. La Unión temporal Aseo Distrital y Aguas de Bogotá fueron las compañías a las cuales Gustavo Petro entregó las dos licitaciones". El diario también cita que Petro, de manera libre, voluntaria y consciente, expidió un decreto que vulneraba los principios constitucionales de libre empresa y competencia, e impulsó una serie de restricciones y limitaciones a otras empresas distintas a las distritales. Veinticinco compactadores arribaron al muelle de Cartagena, Colombia, en mal estado. Incluso algunos traían basura en su interior y plantas que crecían en su exterior. Algunos de los vehículos tenían problemas de documentación. Los documentos presentados mostraban modelos del año 2008 pero, a la hora de la inspección, los vehículos reflejaban que eran del año 2000 y 2001. También los vehículos tenían que pasar una prueba de emisión. La falta de voluntad por parte del Gobierno o quizá la falta de conocimiento o una mala asesoría lo llevaron a la destitución de su cargo.

El condado de Montgomery, en el estado de Maryland, Estados Unidos, tiene uno de los más altos porcentajes de participación en el programa de reciclaje y de producción de materiales de reciclaje. En el 2011 el Departamento de Medio Ambiente, el Maryland Department of the Environment Montgomery County, ha logrado alcanzar el 57.68% en recuperación de materiales reciclables, muy por encima del promedio del estado de Maryland (37.32%). La meta es alcanzar el 70% de recuperación para el 2020. (Publicado en el sitio web de Montgomery County el 4/16/2013).

China gana terreno. El reciclaje plástico no se consolida en México. 833,000 toneladas de PET se recuperan de la basura al año en México. Pero cita la revista Expansion *que el 50% que se recupera de la basura se exporta al extranjero. El precio en el extranjero está muy por encima del precio nacional. China es uno de los principales compradores en el extranjero y Estados Unidos, el segundo. El valor en el mercado de PET en México supera los $4,000,000.00 $4000,000,000.00 de pesos. Esto solo representa el 10% de la industria del reciclaje en general.* (CNN México, 4 de abril de 2012).

En México tenemos que generar plantas de reciclado que les den valor agregado a los materiales y tenemos que fabricar productos terminados con ese material. (Jorge Trevino, Director General de Ecología empresarial, Ecoce).

Se estanca la industria del reciclaje plástico en México

En México la industria del reciclaje se atora. Esto podría tener serias consecuencias, pérdida de capital y de inversionistas. Faltan una política e iniciativa que impulsen el desarrollo. José del Cueto, Presidente de la Asociación Nacional de la Industria del Plástico (UNIPAC), comentó que con inversión se adquirirían equipos eficientes y, esto generaría nuevas empresas.

En México, especialmente el PET se desvaloriza a consecuencia de la mentalidad errónea de los compradores. Como el material se sustrae de los basureros, el precio baja, mientras que en el extranjero el mismo producto adquiere un valor casi al doble.

La Secretaría de Hacienda y Crédito Público no cobra impuestos por materiales reciclados. Estas acciones ayudan a la proliferación de la pepena y cohíbe la inversión a largo plazo. En este momento operan 150 empresas en la industria del reciclaje. Con mayor certeza esto podría cambiar y aumentar, lo cual crearía nuevos empleos directos e indirectos.

Actualmente en México se cuenta con un número muy alto de empresas informales y también formales. Rafael Blanco, Presidente del Instituto Mexicano del Plástico, señala que, de alrededor de 3 millones de toneladas de plástico, solo el 15% se logra recuperar de la basura. También señaló que, de 50 empresas que abren sus puertas, 20 o 30 terminan cerrando y que las demás se mantienen a flote por falta de regulaciones gubernamentales. (www.recimex. com.mx/recimex)

Mi visita a México

"Nezahualcóyotl" es una palabra náhuatl y significa "coyote hambriento o en ayunas". El 17 de febrero del 2014 tuve la oportunidad de reunirme con Gualberto Guerrero, Asistente de Servicios Públicos, en la ciudad de Nezahualcóyotl, en México. Estuve acompañado de mi hermana Martha. En esa reunión le mostré, en una presentación Power Point, un estudio que había preparado. Gualberto me comentó que desde los inicios de esa municipalidad nunca habían cobrado por la recolección de los desechos y su manejo. Por lo menos eso es lo que los residentes de Ciudad Nezahualcóyotl creen. Todos sabemos que todo tiene un costo: nada es gratis. Hay un costo administrativo, un costo operativo y, sobre todo, la misma inversión. Es un costo sumamente caro. Le comenté que el estimado del costo de un solo camión varía de USD 150,000.00 a USD 175,000.00, dependiendo de la marca y capacidad del vehículo. Nezahualcóyotl tiene 121 camiones recolectores. Imaginen entonces el costo. Y esto es solo el costo de las unidades. El combustible es de un aproximado de 25 galones diarios de consumo por camión. Si son 121 camiones, van a gastar 3,025 galones de combustible diarios. Quizá no todos los camiones trabajen diariamente, pero es un aproximado. A esto debemos agregarle el costo de personal, costo de mantenimiento y reparaciones. 121 camiones no es una operación pequeña: se necesita un presupuesto bastante amplio para llevarla a cabo. El Plan Alternativo de Reciclaje no contempla que el reciclaje sea tarea solo de algunos: es responsabilidad de cada una de las personas que viven y trabajan, no solo en Nezahualcóyotl, sino en cualquier parte del planeta, por remota que sea.

Gualberto comentó que desde 1960 el Gobierno municipal maneja la recolección de basura como un servicio gratuito, pero la realidad es que la ciudad paga por el costo de la basura. Otros fondos de la ciudad son usados para cubrir los gastos que esta genera. De esta manera la ciudad paga por el combustible y mantenimiento de los camiones, los salarios de los recolectores, etc. También subrayó que la municipalidad acepta propinas de los residentes, usadas para mantenimiento y para otros gastos.

Nezahualcóyotl opera los 7 días de la semana. Está dividida en 4 zonas, 102 rutas. Cada 3 años hay algún problema cuando la ciudad tiene elecciones de cambio de gobernador. Gualberto refirió que el último gobernador dejó el tiradero de basura literalmente sin espacio para descargar. Le pregunté quién pagaba por el costo del equipo y me contestó que la municipalidad absorbe ese costo. En referencia a la creencia de la población de que no paga por los servicios de basura, Gualberto cita que es un tema muy complejo, en realidad, un tema tabú. En Ciudad Nezahualcóyotl existen grupos bien organizados tales como sindicatos de recolectores de basura; los mismos grupos de pepenadores están organizados. La privatización de operativa de los desechos sólidos o de reciclaje es un tema muy complejo del que nadie quiere hablar, aun conociendo los costos del servicio que la municipalidad tiene que absorber. Le mostré los números que proyectó mi análisis, en relación con las cifras publicadas en su página web. Le mostré el análisis completo y comparamos los costos actuales que tienen ellos y las ganancias que generaría la reducción de los desechos sólidos y un plan de reciclaje sostenible. Esto ayudaría al medioambiente y seríamos socialmente responsables. Mediante la colaboración ciudadana reduciríamos desechos sólidos y obtendríamos ganancias con la venta del reciclaje y sus derivados.

Gualberto entonces repuso que Ciudad Nezahualcóyotl tenía un programa de reciclaje en el pasado, que consistía en la participación de los residentes, que hacían la separación manual antes de la recolección, separando los desechos orgánicos de los inorgánicos. El recolector de basura (o el burrito carreta) era el encargado de la separación en el mismo camión. Los burritos carreta llevan una bolsa gigante en la parte trasera, donde depositan los materiales reciclables.

Yo pregunté a un residente de la colonia la Perla qué pensaba de esa forma de reciclar. Su respuesta fue clara: de nada sirve tomarse el tiempo separando los materiales orgánicos de los inorgánicos si finalmente terminan en la basura. El burrito carreta, por necesidad de espacio en el compartimiento de reciclaje, solo recolecta los materiales de mayor valor, y lo demás lo desecha junto con la basura.

Yo le comenté a Gualberto que, a pesar de todos los esfuerzos que la municipalidad había realizado hasta el momento, solo el 10% era recuperado; el 90% terminaba en los tiraderos al aire libre, y contaminaba la ciudad, además de atentar contra la imagen del municipio.

Después de haberle mostrado la presentación, todavía no acabo de comprender su falta de interés cuando le mostré la efectividad del plan. No es un proyecto nuevo: es algo consumado que hago todos los días desde hace 20 años. Quería mostrarlo en mi propia ciudad donde hace 22 años también fui residente y a la que hoy viajo de manera constante a visitar a mis padres, hermanos y muchos amigos.

Ciudad Nezahualcóyotl no ha cambiado el sistema municipal desde 1991, año en que emigré al extranjero. Hasta el día de hoy las cosas se mantienen igual; las necesidades del pasado no son las mismas en la actualidad ni serán las mismas del futuro. No nos podemos estancar con políticas de mitad del siglo pasado. Ciudad Nezahualcóyotl fue fundada a principios de la década del sesenta y en ese entonces no existía una cultura del reciclaje, así como tampoco la hay en la actualidad.

Le pregunté a Gualberto si sabía que la descomposición de los desechos sólidos se estimaba en 100 años y que el Bordo había sido fundado al mismo tiempo que Ciudad Nezahualcóyotl. Esto significa que el Bordo tiene más de la mitad de vida de descomposición de los desechos sólidos. Esto se va a convertir en un problema ecológico y de salud si no es saneado apropiadamente; tienen un asesino peligroso que está cobrando fuerza cada día que pasa en el subsuelo del tiradero de basura. **El gas metano** podría trasminarse al subsuelo y contaminar ríos subterráneos de agua potable que suministra la ciudad de México. Podría filtrarse al alcantarillado público y poner en riesgo potencialmente a un sector urbano en el perímetro del tiradero a campo abierto. Una bomba de tiempo en pleno corazón de la ciudad de México.

Camión de basura sobrecargado. Taxco, Guerrero, México. (Foto de Antonio Saavedra)

Gualberto argumentó que la constitución mexicana establece que cada municipalidad es responsable de la recolección y manejo de sus propios desechos.

Podríamos hablar, planificar nuevas estrategias de cómo reducir los desechos sólidos e incentivar planes sostenibles de reciclaje en las zonas residenciales, pero no llegaríamos a ningún lugar sin la participación activa de las entidades gubernamentales que toman decisiones. Son fundamentales al respecto.

En el modelo que se maneja actualmente en los materiales del reciclaje, estamos acostumbrados a ir a buscarlo. Estamos acostumbrados a hacer negocio mediante la búsqueda del material de reciclaje, pagando por este. Hay que lidiar con la competencia, ya que todos estamos concentrados en lo mismo: la compra de materiales. Pero solo estamos hablando del 10%, que es lo que se recicla en la ciudad.

Producción y demanda

Con mi modelo no es necesario ir a buscar esa materia prima, el reciclaje. Llega a nosotros sin necesidad de ir a buscarlo; con este modelo de licitaciones, la ciudadanía participaría de manera directa. Con un programa de licitaciones bien elaborado, el sector privado se encargará de la parte operativa. A veces escuchamos por medio de las noticias que la moneda del país subió o bajó. Se habla de Wall Street, del crecimiento del país y de que el Gobierno está trabajando para erradicar la pobreza.

Con este modelo el impacto va a beneficiar directamente a la población del país si se tiene la capacidad de conseguir un crédito para comprar nueve camiones con el respaldo de un contrato municipal. En este caso estamos hablando de un beneficio directo, un nuevo empresario, una nueva empresa. Este modelo funcionaría para la recolección residencial.

Se necesitaría que compañías actuales con conocimiento de separación de reciclaje pudieran separar. La ciudad obtendría para aquellas los materiales de manera masiva por medio de licitaciones, ya sea que lo compren o que haya un cobro por la separación.

El reciclaje es una industria millonaria. Se necesita la participación de las autoridades locales, estatales y nacionales; inversión local; empresarios locales, medianos y grandes, y mucha mano de obra. Con licitaciones bien planificadas se lograrían:

- nuevos empresarios
- nuevos empleos
- salarios competitivos
- paquete de beneficios competitivos

Con mi plan, la municipalidad estaría encargada de la parte administrativa; manejaría los datos informativos: el tonelaje de los diversos materiales, las regulaciones. Además, crearía y ejecutaría las normas para hacer que las compañías tengan un contrato justo, un contrato activo con las reglas y regulaciones al día, seguridad vial, y sobre todo ejecutaría los pagos mensuales a las compañías bajo contrato.

Camión de basura con bolsas exteriores para reciclar
en el mismo vehículo
(Foto de Antonio Saavedra)

Las estadísticas básicas son extraordinariamente necesarias. Es la información básica con la cual se hace el análisis primario. Un ejemplo es la población. No habría recolección de basura ni programa de reciclaje sin población. El número de viviendas es tan esencial como la población. Con esta información podemos determinar el porcentaje de personas por vivienda, el tamaño de la propiedad. La densidad es fundamental ya que podemos analizar y determinar el tiempo que nos tomaría ejecutar el trabajo. No es lo mismo una recolección en un complejo de casas dúplex que en una vivienda unifamiliar.

Los datos del sector comercial serán de hospitales, escuelas (primarias y secundarias), preparatorias, universidades, mercados establecidos, mercados rodantes, negocios formales, negocios en domicilios residenciales atendidos y edificios residenciales multifamiliares: apartamentos, condominios. El sector comercial es un poquito más complejo porque, con una base de datos muy pobre o casi sin base de datos, no hay un registro preciso de toneladas de basura que se desechen todos los días, dado que los desechos sólidos son mezclados con los desechos residenciales. Debería haber un control más preciso, pero no de cualquier modo. Hay estudios que indican que los mayores generadores de desechos sólidos son los negocios. Esto es bueno porque allí se encuentra la mayor cantidad de reciclaje que no se está utilizando. Podríamos comenzar de cero una nueva cultura de recolección de desechos sólidos y de reciclaje, y crear una nueva fuente de datos que ayude a todos a nivel nacional.

Trabajador de limpieza en algún lugar de la ciudad de México. (Foto de Antonio Saavedra)

Son importantes también los datos de la cantidad de camiones utilizados por las municipalidades y las proporciones de estos; la marca de los vehículos; los equipos de trabajo necesarios; año, tipo y marca de los empacadores; o, para hacer un estudio comparativo, la expectativa de tiempo de vida de las unidades.

Estas estadísticas son básicas cuando tratamos de conocer más a fondo los municipios, las alcaldías, las ciudades. Basándonos en esta información, podemos determinar sus necesidades y el manejo de aquellas. También podemos determinar el crecimiento de nuevas y pequeñas empresas, al igual que la cantidad de equipo necesario y el costo de los mismos equipos de trabajo.

Actualmente algunos municipios cuentan con páginas de Internet y a veces publican información, pero es mejor conseguir la información directamente del Gobierno local, municipal, o estatal, ya que ellos cuentan con toda la información necesaria y, en realidad, este tema le compete al Gobierno, ya que serían los más favorecidos por tratar de reducir los costos que actualmente enfrentan día a día. Muchas municipalidades y alcaldías no cuentan con una estructura gubernamental de programas de reciclaje, más allá de lo que pueda hacer la iniciativa privada, reciclando de manera obsoleta y con limitaciones de seguridad apropiada y de conocimientos adecuados.

Trabajadores de recolección de basura separando reciclaje de la basura, bolsa por bolsa. Ciudad de México. (Foto de Antonio Saavedra)

¿Será falta de conocimiento? ¿O quizá falta de voluntad política?
Los Gobiernos son responsables de proveer la herramienta estructural para hacer una participación activa de la sociedad.

Vamos a hacer un ejercicio:

Este ejemplo está basado en un análisis que hice en 2013 en Ciudad Nezahualcóyotl. Está basado en las estadísticas básicas del 2011 de esta ciudad.

http://iiigecem.edomex.gob.mx/descargas/estadistica/
ESTADISTICABMUNI/ESTADISTICABASI/
ARCHIVOS/Nezahualc%C3%B3yotl.pdf
Imagen pública de la página web en PDF. (Imagen de Miguel Saavedra)

Esta información fue extraída de su página web, en la sección de Servicios. La información refleja las operaciones que desarrolla el municipio respecto de este tema.

- 280,401 casas residenciales
- 121 camiones recolectores de basura
- 1,315 toneladas de desechos sólidos

El análisis

Con estos datos podemos comenzar un análisis. Primero dividamos 280,401 (que es el número de casas habitadas) por 121 (camiones recolectores de basura). Tendremos como resultado 2317.36. Este resultado sería el total de casas que recogería cada camión. Es muy importante entender que nos estamos manejando con promedios, que son eficaces cuando contamos con los números que las autoridades correspondientes provean. Pero también es importante saber que la ecuación no cambia: los números son números, y son perfectos.

Ahora dividamos 2317.36 casas entre 5 días, que serían los días laborales (lunes, martes, miércoles, jueves y viernes). Esta información de los 5 días no estaba en la página web del municipio; está basada en mi plan de reducción de desechos sólidos y plan alternativo sostenible. La municipalidad de Ciudad Nezahualcóyotl recoge basura los 7 días de la semana.

El sábado sería el día que se tendría que trabajar por aquello de los días feriados, en el caso de que la constitución de un país lo dicte como día feriado y no se trabaje. Entonces, los días que van de lunes a viernes serían los días laborales. Los días de trabajo se correrían un día. Por ejemplo, si el miércoles fuera día feriado y no se trabajara, el día de recolección del miércoles sería el jueves; el jueves, viernes; y el viernes, sábado.

También sería recomendable que los días de recolección de basura y de reciclaje no fueran los mismos, para minimizar la confusión de los diferentes materiales. Es más recomendable que el primer día de recolección de basura sea un lunes y en la misma ruta se recogiera el miércoles el reciclaje. Quizá escuchen que hacer una sola recolección es mejor porque así se mantienen los equipos juntos durante los cinco días de la semana. Por cuestiones de seguridad y para evitar una cantidad masiva de camiones que tratan de finalizar sus labores y por la seguridad de la población y de los trabajadores de la misma empresa, es más efectivo separar las dos recolecciones. Es más trabajo para la empresa, ya que los supervisores tienen que cubrir una zona territorial más extensa.

La división de 2317.36 casas / 5 días = 463.47 sería el aproximado de las casas por las que actualmente está recolectando el municipio de Ciudad Nezahualcóyotl, sobre la base de datos obtenidos de su página web y del resultado de las estadísticas básicas de 2011. Este número arrojado de mi análisis está basado en 5 días laborales, pero hay que recordar que el municipio de esta ciudad mantiene camiones que trabajan los 7 días de la semana.

En mi conversación con Gualberto Guerrero, este me explicó que la municipalidad no solo emplea los vehículos empacadores, sino que también hay una organización de carretas, apoyada sindicalmente, que también tienen participación en la recolección de los desechos sólidos y que, al igual que la flota de camiones empacadores de la municipalidad, operan los siete días de la semana. Se anuncian en las diversas zonas residenciales con el sonido de una campana.

Noticias.terra.com. Sitio web. 23 de marzo de 2014. periodicoafondo.com

Proyección alternativa

Hagamos el mismo ejercicio ahora con mi análisis de proyección alternativa. Dividamos el mismo número de viviendas, que son 280,401. Ahora dividamos por 5 días de la semana. 56,080.20 sería el número de viviendas estimadas por día. Ahora vamos a determinar el número de viviendas por camión. Con esta proyección alternativa, dividamos 56,080.20 viviendas / 1000, que sería el número de viviendas asignadas por camión = 56.08 camiones recolectores. Este sería el número de camiones recolectores necesarios para este proyecto. Hemos reducido de 121 camiones que actualmente maneja la municipalidad a 56.08 camiones recolectores, una reducción abismal.

Continuemos con el sistema. Hablemos de números actuales del tonelaje diario basados en los datos mostrados por la municipalidad de Ciudad Nezahualcóyotl. Si continúo con los datos de esta municipalidad, es solo por referencia.

Tenemos 1315 toneladas de desechos sólidos en la base de datos. Ahora multipliquemos por 7, que serían los días de trabajo actuales = 9205 toneladas de basura semanales. Ahora dividamos entre 121 camiones = 76.07 toneladas semanales por camión. Ahora dividamos las 76.07 toneladas entre los 7 días de la semana = 10.86 toneladas diarias por camión recolector. Esto es, en promedio, 10.86 toneladas de basura diarias por vehículo, basados en las estadísticas publicadas por el municipio.

Quizá los números cambien dependiendo de los números que los Gobiernos pongan a disposición (si es que hay un sistema de datos de acuerdo a la realidad), pero la ecuación es la misma. También el número de toneladas podría bajar sustancialmente dado que el municipio trabaja los 7 días a la semana.

Ahora hagamos el mismo ejercicio con mi modelo alternativo de recolección. Las mismas 1315 toneladas de desechos sólidos multiplicado por los 7 días de la semana = 9205 toneladas de basura semanal. Ahora dividamos entre 56.08 (que sería el número de camiones) =164.14 toneladas por camión semanales. Ahora dividamos entre los 5 días de la semana = 32.82 toneladas por camión diarias. Si tiene conocimiento de recolección de basura, es relativa y significativamente alto el tonelaje de desechos sólidos por camión; quiero subrayar esto para que entendamos de qué manera vamos detallando y amoldando el plan.

Quizá digan que el volumen de basura es alto. Sí, es verdad: es alto, pero el volumen de reciclaje por camión va a ser bajo. Dado que este concepto es relativamente nuevo, la participación va a ser lenta hasta llegar al nivel de la meta. Los camiones de reciclaje pueden terminar su ruta y regresar a ayudar a los vehículos recolectores de basura. A medida que el reciclaje aumente, los camiones de basura van a mejorar su tiempo de desempeño. La meta es tener y generar más toneladas de reciclaje y reducir las altas toneladas de desechos sólidos. Por el momento dejemos estos números y sigamos adelante.

Fotos públicas tomadas de la página web (Miguel Saavedra)

Desechos sólidos residenciales

Con este modelo alternativo de negocio, la economía local será beneficiada de manera directa. Se impulsará la creación de nuevos negocios y una nueva camada de empresarios, empleados ejecutivos, ingenieros, administrativos, operadores de camiones, ayudantes, etc.

Las municipalidades tendrían un descanso operativo, ya que solo se encargarían de la administración de licitaciones y de su implementación apropiada (regulaciones). Es decir que se eliminarían por completo los servicios directos de la ciudad, que pasarían al sector privado. Se estaría privatizando la parte operativa de los desechos sólidos y reciclaje; la ciudad tendría y ejercería el control total de la parte administrativa. El municipio no tendría que lidiar con la financiación de camiones, la parte operativa y administrativa de cada compañía. De este modo todos adquieren responsabilidades. Se haría una licitación de trabajo basada en precios y en habilidad de implementación. La competitividad es muy sana, sobre todo para aumentar la productividad y bajar los costos de los servicios.

Camión de basura a su máxima capacidad, sin mayor espacio para transportar material reciclado. Ciudad de México. (Foto de Antonio Saavedra)

Financiación

Quizá en Latinoamérica y en otras regiones del mundo no hay una cultura de crédito flexible. Los créditos para la adquisición de equipos de trabajo son fundamentales para constituir una empresa de 9 camiones. El aval sería un contrato obtenido mediante una licitación de un Gobierno o de una municipalidad. Quizá ya haya algunas empresas instaladas que quieran y puedan invertir en una línea de crédito nuevo para la compra de estos equipos. También sería una gran oportunidad para corporaciones y para inversionistas locales. Pero la municipalidad también tiene un alto grado de responsabilidad en la obtención de créditos para las compañías. Los equipos de trabajo oscilan entre USD 150,000 y 175,000 por cada camión recolector de basura. Los equipos adecuados podrían tener un estimado de vida, a su máxima capacidad, de hasta 10 años, o quizá más, según la decisión de las compañías después de un análisis ya en su momento.

De USD 1,350,000.00 a 1,575,000.00 sería la inversión más intereses del banco a financiar por un período de cinco años. Una vez que los equipos sean pagados, los equipos estarían a la mitad de su vida útil. Es en este punto cuando las empresas capitalizarían más y reducirían sus gastos, dado que no se tiene el costo mensual del pago por vehículos. Las compañías aumentarían más el flujo de caja.

Hay 280,401 casas residenciales en este municipio. Las dividimos entre 20,000 casas residenciales (que en este caso sería el número de casas estimadas en el plan alternativo de reducción de desechos sólidos). Vamos a enfocarnos en el municipio de Ciudad Nezahualcóyotl como un ejemplo base, pero este mismo modelo se puede hacer en cualquier ciudad de Latinoamérica, y quizá en otros lugares del mundo. Entiendo que cada lugar tiene una necesidad diferente y hay que hacer un análisis antes de ejecutar un proyecto, pero este modelo es el concepto base. Seguramente habrá algunos cambios: hay que contemplar la densidad de las propiedades, la distancia entre casa y casa, la distancia hacia el tiradero, la cantidad de ayudantes, pero el concepto no cambia. Solo cambia la estrategia.

El resultado de la ecuación es = 14.02. Esta cifra representa la cantidad de licitaciones disponibles al público para la formación de nuevas compañías. Sería una hipocresía decir que las 14.02 licitaciones estarían disponibles inmediatamente. Este plan no contempla la ejecución de múltiples licitaciones en un año: es un proceso establecido en el plan.

Primero se dividirían dos licitaciones por año, hasta llegar al séptimo año. Habría que hacer un análisis en el tercer año para evaluar el desempeño laboral de las empresas, aunque la evaluación laboral es recomendable trimestral, semestral o anualmente, dado que las compañías candidatas estarían en los primeros años de actividad operacional.

Sería recomendable comenzar con dos licitaciones por año. Hay que considerar el número de candidatos participantes que soliciten licitaciones múltiples. Este es un proceso de revisión de documentación y de ciertos requisitos, para llegar a la adquisición y otorgamiento de la licitación. Una vez otorgada, hay que conseguir en primer lugar los equipos de trabajo, así se compren las unidades ya ensambladas o así sean ordenadas de acuerdo al criterio de la empresa. Cumpliendo con los acuerdos establecidos en la licitación, normalmente la compra de camiones múltiples dura alrededor de seis meses desde que se ordenan hasta el día que se entregan. No creo que alguien quiera entregar 14 licitaciones y comenzarlas todas el mismo día.

Demos un ejemplo de cómo se manejarían las ferias de licitaciones. Dividamos la municipalidad en 14 áreas y digamos que el 1 de marzo se realizará la licitación de las áreas 1 y 2 del municipio de Nezahualcóyotl. Ambas áreas tienen un total de 20,000 casas residenciales cada una. Están a disposición en la mesa de negociaciones 40,000 casas. Supongamos que haya de 5 a 10 compañías interesadas en la adquisición de las áreas, dado que solo se otorgaría un área por compañía porque no tenemos registro del desempeño de estas. Dos de las compañías participantes tendrían el beneficio directo. En la mesa de negocios están 7 camiones: 4 de basura y 3 de reciclaje. Los otros 2 son de reserva. Es decir, un total de 9 camiones recolectores por compañía. La ciudad tendría dos meses para evaluar las licitaciones participantes. Supongamos que el 1 de Mayo se tendría casi un veredicto final, pero del 1 de mayo al 1 de junio la municipalidad estaría entrevistando a las tres compañías que tengan posibilidades reales de ganar la licitación, no necesariamente los mejores precios. También está claro que en la entrevista se conocería a los candidatos más a fondo; habría un mayor acercamiento a los teóricos responsables de la parte operativa de nuestras comunidades. Dependiendo del costo y confiabilidad del municipio, se otorgarían las licitaciones de las áreas 1 y 2. La decisión no estaría solo basada en el mejor ubicado, sino que también intervendría el criterio del municipio.

El 1 de junio las primeras dos licitaciones habrían sido otorgadas. Ahora se tendrían 6 meses para consumar la compañía, la ordenanza de los camiones compactadores, el lugar de operaciones, el estacionamiento de los vehículos, el personal administrativo y los operadores de los camiones, los ayudantes. El inicio del contrato está establecido el 1 de enero, día en que Neza Recycling comenzaría sus operaciones. Llamemos de esta manera a la compañía uno para familiarizarnos con el concepto. Llamemos a la otra compañía González Refuse. También estaría abriendo sus puertas el mismo día que Neza Recycling.

La ciudad tendría dos meses para que Neza Recycling y González Refuse se familiaricen con las zonas de recolección y de manera gradual comiencen a tener buenos resultados operativos, para lograr alcanzar una buena estabilidad y confiabilidad internas.

El 1 de marzo, dos meses después de haber iniciado el trabajo de las áreas uno y dos, se iniciaría el concurso de licitaciones. Ahora estarían disponibles la zona 3 y la zona 4. Al igual que las anteriores, ambas cuentan con 20,000 casas residenciales cada una, para un total de 40,000 casas en la mesa de negociaciones. El proceso es el mismo. El único cambio es que ni Neza Recycling ni tampoco González Refuse tendrían participación en las licitaciones, dado que se necesitan como mínimo dos años de experiencia para poder participar, con hasta un máximo de 3 licitaciones por compañía. El 1 de mayo se establecerían las mejores tres candidatas y el mes de junio se realizarían las entrevistas individuales. Ya para junio se otorgaría la licitación de la zona 3 y 4; los siguientes seis meses serían para la preparación y apertura de las dos nuevas compañías e inicio del trabajo en las zonas 3 y 4.

La municipalidad tendría los seis meses para darles seguimiento a las primeras dos compañías, para que comiencen sin contratiempos el 1 de enero. Démosles un nombre a las dos compañías nuevas que han obtenido las dos nuevas licitaciones: La Perla Recycling y La Esperanza Recycling. Este modelo es repetido hasta transferir las 14 licitaciones al sector público.

Supongamos que ya pasó otro año, y Neza Recycling y González Refuse pasaron su segundo año y hay licitaciones por la zona 7 y 8, ambas con 20,000 casas para un total de 40,000 casas residenciales. No solo tienen participación, sino que se han puesto al frente de este movimiento empresarial. Podrían ganar no solo el otorgamiento de una zona más, sino de ambas, dado que pueden participar hasta por tres zonas después de dos años de experiencia. Se pondrían a la cabeza con 27 camiones recolectores de basura en el sector municipal. Esto es aplicable a todas las demás compañías y una motivación para aquellas que ya tienen menos de tres contratos.

Hay que tener presente que, en el mundo de la competitividad, la compañía se puede hacer de tres zonas de trabajo o dos, dependiendo de las zonas que estén en la mesa de negociaciones. Este concepto de licitaciones en un corto tiempo puede poner a un empresario en la cima. De igual manera la puede perder, dado que el trabajo que la municipalidad le asignó mediante una licitación son contratos que tienen un vencimiento. Habrá compañías que se someterán a licitaciones por los mismos trabajos al final de cada licitación. Es sumamente importante mantener registros de todo para que, cuando se abra una licitación, se tenga una base de datos precisa, sobre todo de costos, para tener y hacer una licitación precisa. Imaginen este sistema multiplicado en la ciudad de México o en Bogotá, en Colombia. Si lo toman en serio, les auguro que serán los nuevos millonarios en esta industria.

Recomiendo, por el bien tanto de las municipalidades como de las compañías, que las licitaciones tengan un plazo de vida de cinco años. Este es el tiempo en que los vehículos de trabajo podrían pagarse, con una prórroga de no más de dos años para que las compañías tengan un mayor ingreso y mantengan estabilidad.

Cinco años de contrato solo serían para aquellas compañías con un pobre desempeño y estabilidad, que tengan cierto tipo de dificultades internas y que, después de varias evaluaciones de desempeño por parte del municipio, no hayan alcanzado una mejoría estable.

El número mil es el número mágico, el número clave de este plan alternativo de reducción de desechos sólidos. Mil es la cantidad de casas residenciales por la que pasaría cada camión empacador cada día de la semana de lunes a viernes. Las compañías tendrían 4 camiones de basura para un total de 20,000 casas residenciales. Si es verdad, 4 camiones de basura entre 20,000 da 800 casas por día por camión. Hablamos de mil casas por camión porque, como se lo mencioné, mil es el número base de este modelo. La variación de mil casas por camión está basada en la dimensión de las mismas casas, la densidad de las propiedades, las diferentes clases sociales y la cantidad de gente que vive en cada inmueble. Todo esto va a determinar el tiempo que se tomará en recoger los servicios. Mil es el concepto de mi plan.

1,333 sería el número mágico y clave de este plan alternativo sostenible de reciclaje. Es la cantidad de casas residenciales que cada camión de reciclaje empacador recogería durante cada día de la semana de lunes a viernes. Las compañías tendrán 3 camiones de reciclaje para un total de 20,000 casas residenciales. Como podrán recordar cuando hicimos las ecuaciones y comparamos los números de nuestro análisis con los números de la municipalidad de Ciudad Nezahualcóyotl, el tonelaje de basura nos dio como resultado 32.82 toneladas diarias. Déjenme recordarles que en esa ecuación no contemplamos el plan alternativo sostenible de reciclaje y, como meta, en este modelo está proyectado tener un crecimiento del 30% en los primeros 3 años y del 50% en el quinto año.

40,000 es el total de servicios que cada compañía tendrá entre sus responsabilidades: 20,000 residencias de basura y las mismas 20,000, pero en servicio de reciclaje, un total de 7 camiones que en la industria llamamos "la primera línea" o "la línea frontal de las operaciones diarias de la compañía". Dos camiones de reserva estarían contemplados en este plan, para darle flexibilidad al resto de la flota. No sé si habrán escuchado alguna vez que no hay enfermedad que dure cien años ni enfermo que la resista. Esto es algo parecido: hay camiones que tienen algún desperfecto y hay que regresarlos a la agencia. Si no me creen que los camiones nuevos también se descomponen, los invito a que se acerquen a cualquier agencia de camiones y observen los vehículos nuevos en reparación. Con estos dos más en la flota se puede hacer algún tipo de rotación, con vehículos que tengan que repararse o que hayan sufrido algún accidente y queden deshabilitados por el tiempo de reparación. Los 9 vehículos estarían contemplados en el presupuesto de costos operativos.

Supervisión

Un supervisor de la compañía está contemplado en este modelo de reducción de desechos sólidos y plan alternativo sólido sostenible de reciclaje. El supervisor es un mal necesario. Estamos hablando de más de un millón de dólares invertidos en los equipos de trabajo, dinero que hay que estar pagando mensualmente, dinero financiado. Tenemos la obligación de asegurarnos de que los vehículos tengan un buen trato, que no sufran de algún tipo de abusos por parte de los operadores. La calidad de trabajo puede ser monitoreada de primera mano. Es importantísimo, como empresario y como inversionista, manejar dos conceptos simples. Estos consejos van a hacer que cualquier compañía despegue de un contrato a múltiples contratos:

1. Seguridad.
2. Calidad de trabajo.

Como empresario, la seguridad del público y la de los empleados son de suma importancia. En la actualidad la industria del transporte y la de la basura y reciclaje están clasificadas en séptimo lugar entre las industrias más peligrosas en los Estados Unidos. Esto tiene que ver en gran parte por el departamento de Transportes y Vehículos de los mismos residentes distraídos que arremeten contra nuestro personal. Hablando de accidentes, ¿se han preguntado cuántos accidentes serían el parámetro de algunas compañías? Yo contesto que solo se necesita un accidente que ponga a cualquier compañía de rodillas y la ponga fuera del mapa, con su negocio terminado. Solo un accidente. Piénsenlo.

Calidad de trabajo

La calidad del trabajo es vital en esta industria, una industria virgen en Latinoamérica, una industria que recién da sus primeros pasos. La calidad del trabajo va a ser su carta de presentación en sus referencias. Cuando este modelo sea adoptado por más municipalidades y los pioneros se pongan al frente de este concepto, la experiencia recién adquirida y la calidad de trabajo de los servicios serán su carta favorable de referencia cuando se abra una licitación en algún otro municipio interesado en hacer negocios.

Los supervisores están encargados de la parte operativa de la compañía. Su trabajo es interactuar con el resto de los empleados, supervisar, coordinar vehículos en caso de que alguno falle y esté fuera de servicio. También es responsable de coordinar las actividades entre el resto de las unidades hasta que el trabajo se haya terminado, de darles a los vehículos cada una de todas las rutas de la municipalidad, de que el trabajo se haya terminado al 100% y de hacer observaciones a operadores y a ayudantes durante el día. La parte operativa y la administrativa tienen que estar divididas, para que una no afecte a la otra.

Camiones

Los vehículos son indispensables, pero hay que hacer un análisis antes de comprar los camiones. Podrían comprarse ya ensamblados o quizá sea más favorable personalizar los camiones. Esta práctica es la más común entre las empresas más grandes que compran camiones constantemente. Comparan precios de camión y chasis de diferentes compañías: Mack, CCC, International, Piterbilt, Mercedes Benz, etc. Es de vital importancia que los camiones sean de tres ejes por la cantidad de tonelaje a la que serán sometidos todos los días. En esta industria, el millaje es literalmente mínimo: estos vehículos normalmente circulan alrededor de 20,000 millas por año, algo así como 32,186.80 km al año. Pero el mayor esfuerzo es hecho por las máquinas de los vehículos, por el parar y seguir constante de casa a casa durante el recorrido. Cuanto más llena esté la unidad, mayor será la cantidad de energía y mayor el consumo de combustible. Este tipo de camiones normalmente trabajan en un promedio de 30 a 40 horas por semana, un promedio de 2,000 horas de trabajo por año. En promedio, en un vehículo de 3 ejes se reemplazan 25 llantas por año. La calidad de las llantas es de suma importancia. También el trato de los camiones por parte de los operadores es determinante para minimizar el consumo de neumáticos.

Los camiones empacadores también se pueden personalizar con el mismo diseño y marca. El mercado ofrece diferentes productos de muy buena calidad: Leach, Mcneilus, New Way, Pak-mor, G&H, Labrie. Personalizar una flota de camiones es quizás un poco más trabajoso, pero a cambio se obtienen más beneficios. De este modo es menos costoso mantener un inventario si mantenemos la misma línea de camiones. (Tal vez algunos filtros de combustible, algunos filtros de aire, algunas luces). Una línea de camiones mixtos de diferentes marcas aumentaría el inventario de partes y en consecuencia aumentaría el costo. Cuando una compañía es nueva y no hay presupuesto para camiones nuevos, lo del inventario menos costoso no tiene relevancia, dado que se buscarían camiones buenos, bonitos y baratos. Se tendría que lidiar con el tema del inventario hasta ganar una licitación municipal. Con los camiones empacadores es el mismo concepto. Si se mantienen las mismas marcas, se puede mantener un menor inventario.

Por el tipo de trabajo y por el consecuente desgaste de las unidades, es fundamental comprar vehículos con capacidad de por lo menos 350 caballos de fuerza. Hay una variedad de compañías de motores muy buenos: Cummins, Mack, Caterpillar, Detroit, etc. Se espera que estos vehículos trabajen por lo menos 40 horas semanales, 52 semanas, que es lo mismo que un año, por 5 años o por 60 meses, que es el tiempo que se estima que se salde la deuda y se cancelen los pagos por los camiones. Por sentido común no necesitamos ningún tipo de contratiempo con estas unidades; solo mandar los pagos mensuales y continuar con la operación. Eso sería magnífico si se viviera en un mundo perfecto, pero se estima que algún tipo de defecto va a haber, aunque los camiones salgan de agencia. Tampoco hay que entrar en pánico: recuerden que se compran dos más de reserva porque los contratiempos también están contemplados. La recomendación es que hay que asegurar su patrimonio. Dadas las circunstancias, seguramente los camiones tendrán algún tipo de financiamiento. Los prestamistas les exigirán que los vehículos se aseguren en su totalidad como una garantía de ese patrimonio. También existen seguros alternativos, que en Estados Unidos se llaman Gap Insurance. Por ejemplo, en la compañía donde trabajo se quemó un camión en su totalidad. Era un camión operado por gas natural y había costado USD 250,000.00, un cuarto de millón de dólares, de agencia de paquete de fábrica. Cuando se incendió el camión, este tenía una depreciación. Teniendo solo 6 meses de uso, su valor ya ni se acercaba a la cifra de compra. La aseguradora no se hacía responsable por el cuarto de millón de dólares: pagaban hasta USD 200,000.00. Es decir, una pérdida de USD 50,000.00 en seis meses. Los dueños habían comprado la protección de depreciación de los camiones, y ese seguro cubrió los USD 50,000.00 restantes. Desconozco los topes tipos de seguros que ofrecen las aseguradoras en Latinoamérica, pero sería bueno tenerlo muy en cuenta por el patrimonio de la empresa.

Respecto de los motores y de las transmisiones, es recomendable comprar extensión en las garantías por lo menos por un promedio de 5 años o por 60 meses. Los motores de camiones nuevos son muy complejos; en la actualidad se fabrican con muchos sensores, sistemas electrónicos más complejos mucho más actualizados, y muchas cosas solo se identifican con ayuda de una computadora manejada por un técnico capacitado y entrenado en leer códigos.

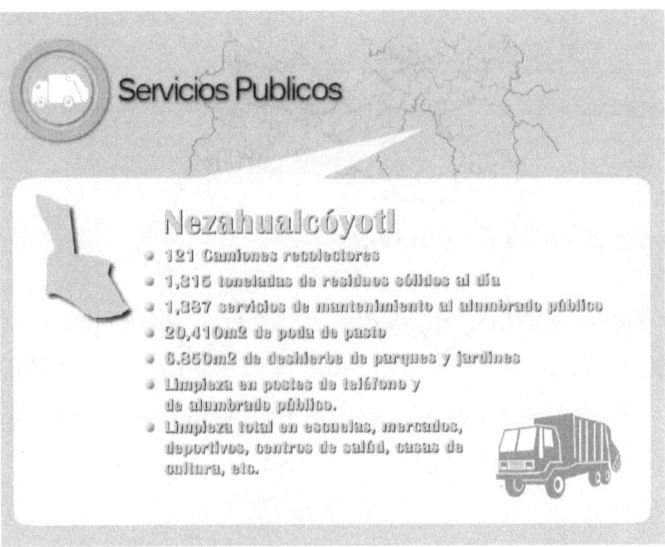

Imagen pública tomada de la página web de Ciudad *Nezahualcóyotl.*
(Imagen de Miguel Saavedra)

Este es solo un ejemplo

Análisis del costo operativo y de inversión de Ciudad Nezahualcóyotl

Municipalidad: Ciudad Nezahualcóyotl

Esta información está abierta al público en la página web de esta ciudad.

Análisis de costo operativo y de inversión

Inversión: 121 camiones por 150,000.00 + un interés que es variable, pero en este caso es del 11% de préstamo = USD 166,500.00 por camión a pagar a 5 años. El tiempo de vida por camión está estimado alrededor de 10 años.

USD 166,500.00 por camión × 121 camiones = USD 20, 146,500.00 fue el estimado de costo de la flota de camiones del municipio de Nezahualcóyotl. Este precio está basado en vehículos de 25 y 30 yardas de capacidad. Todo ese dinero fue pagado o quizá todavía se esté pagando. Pero lo más cómico (y digo "cómico" con todo respeto) es que se haga publicidad de un servicio gratuito que de gratuito no tiene nada. Y recuerden que esta inversión es solo para no más de 10 años y después hay que comprar más camiones otra vez.

Costo operativo de las unidades

Costo de operaciones: alrededor de USD 1500.00 por camión en promedio en Estados Unidos por mes × 121 camiones = USD 181,500 por mes por todos los camiones. Es verdad que en Estados Unidos el costo de mano de obra es más oneroso, pero también es cierto que el precio de las partes están globalizadas: llantas, lubricantes, luces. Estos vehículos cambian neumáticos dos veces y media durante un año. El costo por llanta es de alrededor de USD 350.00. Un camión tiene diez llantas × 2.5 = 25 llantas en promedio que se van a consumir durante un año. Multipliquemos 25 llantas × USD 350.00 = USD 8750.00 por camión de 3 ejes, solo en llantas por año. Hay que agregar el costo de aceites. Estos camiones operan con alrededor de 8 a 9 galones. Hagan cuentas. En Latinoamérica se manejan por cuartos de aceite; se van a necesitar 32 cuartos de aceite, el equivalente a alrededor de 8 o 9 galones. Hagan la ecuación total.

Según el precio de los aditivos, ahora hay que multiplicarlo por 4, que será el total de veces que cambiemos los aceites. Se recomienda hacerlo cada 500 horas de trabajo, lo que sería en promedio cada 3 meses. Hay que agregar la mano de obra, frenos, tambores, etc. Quizá no logren los USD 1500.00 por camión, pero no se está estimando el abuso del vehículo. Es importante estar un poco arriba del presupuesto porque cualquier mal cálculo saldrá del bolsillo del empresario, de su línea de ganancia.

Servicio de recolección de reciclaje (Miguel Saavedra´s Plan)

Foot print

Dejar huella (Environmental Municipality Green City)

1315 toneladas diarias de desechos sólidos, reducción (programa de reciclaje) e implementación. 30% de reducción de desechos sólidos. Plan a tres años. 50% plan a cinco años.

Hagamos la misma ecuación: 1315 toneladas de basura por día multiplicada por los siete días: de domingo a sábado es = 9,205 toneladas de basura a la semana. Ahora reducimos un -30% = 6443.50 a hora. Dividamos entre 5, que serían los días laborales / 5 días de la semana = 1288.7. Ahora dividamos entre los 56 vehículos municipales = 23,01 toneladas de basura por camiones diarios.

En un ejercicio anterior hicimos la misma ecuación y nos dio un resultado de 32.82 toneladas de basura por camión. De hecho, se contempló mandar los camiones de reciclaje de regreso a ayudar un poco, pero en este nuevo ejercicio ya contemplamos el plan alternativo de reciclaje y hemos reducido un 30 % de los desechos sólidos.

Plan de reciclaje sostenible

Un aumento de reciclaje representaría de inmediato un 30% de reducción de desechos sólidos. Esto representaría de manera inmediata = 394.50 toneladas diarias × 7 días = 2761.5 toneladas de reciclaje semanales. Para hacer el cálculo mensual, multipliquemos el resultado de toneladas semanales 2761.5 × 4.33, que representa el promedio mensual =11,957.2 toneladas de reciclaje mixto sin separar cada mes.

En los Estados Unidos, el precio en el mercado de reciclaje no separado es de alrededor de USD 40.00 × 11957.2 = USD 478,288. Esto es lo que generaría en dinero sin separar.

Solo multipliquemos por 12 meses = USD 5,739,456.00.

143,486.40 toneladas de reciclaje anuales (reciclaje no procesado)

Ahora hagamos un estimado de ingreso bruto ya separado.

El reciclaje procesado aumenta su precio.

- vidrio
- papel
- plástico
- lata
- cartón
- aluminio

Tabla de porcentajes.

Contaminación	5.6%
Vidrio	17.6%
Metales	6.7%
Papel Mixto	59.1%
Plásticos	11.0%

Esta información fue obtenida del reporte semestral de Montgomery County Maryland USA 2015

Miguel Saavedra.

Estos son algunos de los materiales que se separarían para darles más valor a los diferentes *commodities*. Una vez que están todos los materiales separados, su precio y margen de ganancia aumentarían de manera abismal, pero mejor no entremos en detalle: se los dejo de tarea.

Este es un análisis basado en una sola municipalidad, en promedio de un millón de habitantes. Imaginen si participaran todas las delegaciones de la ciudad de México.

Combustible

Una operación tan compleja como podría ser hasta 1000 casas por camión es muy buena. Estamos maximizando la capacidad de los vehículos; estamos haciendo que la ciudad compre menos unidades. En términos generales, estamos aportando un concepto muy positivo. Como empresario hay que tener en cuenta los conocimientos. Se consumen aproximadamente 25 galones por día en este tipo de rutas. El precio del combustible es variado; va a cambiar entre el primer año y el séptimo año del contrato. Los precios deben ajustarse en los contratos o en una prenegociación, contemplando el aumento de combustible con la municipalidad. La diferencia en precios va a ser abismal: hay que hacer la proyección antes de la licitación. La municipalidad también tiene responsabilidad: debe pagarse por la diferencia del aumento de combustible, ya que los aumentos serán variados y no pueden ser controlados, o algún tipo de subsidio, dependiendo de los aumentos del combustible. En la actualidad, como el Gobierno maneja los aumentos de combustible, ellos tienen que respaldar los subsidios. Si no, ¿cómo seguir ofreciendo servicio gratuito?

Empleos y beneficios

Empleados: choferes, ayudantes, secretarias, supervisores, gerente general, vendedores, distribuidores, mecánicos. Muchas personas se van a beneficiar con este concepto, gente que trabaja directamente con la empresa y mucha gente que lo hace de manera no tan directa, como vendedores, distribuidores, propietarios que alquilan, el sector del agua, la electricidad, mantenimiento, etc. Es importante recalcar que como empresa los dueños y los empleados tienen que pagar impuestos de acuerdo con los distintos Gobiernos. Dependiendo del país, son beneficios directos para los municipios, estados o ciudades donde ejerzan este modelo. La competitividad de la industria es sana para los empleados y para los clientes. Como empleado quiero trabajar en un ambiente seguro, que se me pague adecuadamente y que tenga un paquete competitivo de beneficios. Esto será para los empresarios un reto saludable para su empresa. Es algo así como un tipo de venta. Porque el empleado tiene que trabajar en mi empresa, y no en la competencia; este es mi paquete de beneficios para él. Pero también como empresa, cuanto mejores sean las condiciones laborales, también lo serán las exigencias laborales. Esto es positivo ya que la mejor parte se la llevan los clientes: son ellos a los que hay que satisfacer con una alta calidad de servicio.

Basura comercial

La basura comercial será la puerta de acceso a las minorías que no puedan conseguir un crédito para comprar 9 camiones. Mi compromiso es con todos y con cada uno de ustedes. Quiero compartir mis conocimientos en todos los campos, además de mi programa de reducción de desechos sólidos y un plan alternativo sostenible de reciclaje, para que nadie se quede fuera de este concepto.

Servicios

Todos entendemos lo que es un servicio:

- electricidad
- agua
- gas
- drenaje
- teléfono
- impuestos de propiedad

No olvidemos que la basura también es un servicio. Normalmente las municipalidades cobran los servicios de basura directamente con los impuestos de propiedad anual. Les garantizo que sí pagan por ese servicio. Hay cosas que se pueden terminar de pagar, como por ejemplo un carro, una casa, un terreno, unas merecidas vacaciones, pero no un servicio. Pague y elimine el pago total del teléfono. Quizá tenga un prepago, pero al final de sus minutos necesita recargar la tarjeta: si no lo hace, no hay servicios. Pague por su electricidad o por su gas para siempre. Lamentablemente, no se puede. Me gustaría que también las municipalidades cobraran por electricidad, agua, gas teléfono en la factura de impuestos anual y tener todos mis servicios pagados por lo menos por un año. Pero no nos hagamos ilusiones: eso no va a pasar, sencillamente porque cada compañía de servicios es independiente, y opera por cuenta propia. Esto no pasa con los desechos sólidos, y no es un secreto que las municipalidades no mantienen control del medioambiente, ni mucho menos de la producción. Mucho menos tienen un plan sólido de recuperación de reciclaje y mucho menos del control final de desechos sólidos. Se cree que la labor se acaba en el momento de dejarle en el tiradero a campo abierto. No: ahí recién comienzan los problemas.

Un ejemplo claro es el Bordo de Xochaca. Este famoso tiradero a campo abierto se formó al inicio de los años sesenta. Actualmente estamos en 2015. Han pasado 55 años desde sus inicios. Se tiene conocimiento de que los artículos en general demoran alrededor de 100 años en biodegradarse, y muchos de esos desechos en el subsuelo se convierten en gas metano. Señores pobladores y dueños de propiedades alrededor de este tipo de tiraderos, les tengo una noticia: usando como ejemplo el Bordo de Xochaca, les quedan 45 años para que haya efectos graves. Se predicen daños catastróficos en esta zona. La acumulación de gases, al trasminarse por las alcantarillas, puede ser el detonante de futuras explosiones y de daño ecológico de altas proporciones. Como residentes y propietarios, van a ser afectados por la inhabitabilidad de su propiedad y van a tener como consecuencia la depreciación de su valor. Una pérdida total de su inversión.

Quizá a muchos no les parezca favorable la idea de tener que pagar por un servicio que no estábamos acostumbrados a pagar. ¿Cómo explicar este nuevo acontecimiento? Normalmente escuchamos por los medios de información acerca de la Bolsa de valores mexicana y sus acciones en el mercado internacional, y muchos quizá se pregunten: "¿A mí cómo me beneficia o me afecta?". Lo que ocurra, ya sea positivo o negativo, de alguna manera sí los afecta, pero la realidad es que no sentimos ningún impacto, al menos que tengamos relación directa con estas grandes compañías. Tomemos por caso el servicio de comunicaciones, el teléfono. ¿A quién no le gusta beneficiarse con este servicio? Mucha gente que llama a toda hora y en todas partes del mundo, y nosotros ofrecemos este servicio directamente a los clientes. NO. Sería potencialmente mucho dinero como ganancia, pero la verdad es que NO. Actualmente hay muchas compañías millonarias que acapararon este mercado.

La basura y el reciclaje como servicios abren la puerta directamente a la clase media y a la clase pobre. En un futuro podrían llegar a ser las nuevas corporaciones mexicanas. Todas las clases sociales tendrán la oportunidad de participar y de beneficiarse de esta tendencia de servicios. Por eso hay que pagar por el servicio: hay que sanear los daños causados en el pasado. Hay que creer en este modelo porque esta industria es virgen en Latinoamérica y en otras regiones del mundo. Dicen que el negocio que todos conocen no es negocio, pero el negocio que nadie conoce sí es negocio.

Los nuevos empresarios verán directamente el impacto positivo en sus bolsillos, con ganancias directas de esta tendencia. Va a ser bueno para la economía local. La gente que antes pepenaba en los basureros podrá trabajar en las plantas de separación o de recolección, con un salario estable y con otros beneficios. Tener más empresarios es saludable para la competitividad y para la reducción de precios por los servicios.

Más allá de tocar el tema de los grandes beneficios económicos, está lo que considero más importante: la responsabilidad social que cada individuo tiene con la sociedad y con el medioambiente. No es responsabilidad de terceras personas: es de uno mismo. Hay que ser participativo.

Reciclar centavos desechando millones es un tema muy complejo. Se han mantenido las mismas actividades de servicio por décadas y quizá no hemos notado que el tiempo pasa y no se detiene, y que las necesidades del pasado no son las mismas de la actualidad ni tampoco serán las necesidades del futuro. Hacemos los trabajos de recolección de de los desechos sólidos por pura inercia, porque alguien tiene que hacerlo, pero no nos hemos detenido a analizar qué podemos hacer lo mismo de una manera más eficaz, que beneficiaría a todos sin tanto trabajo y con menos presupuesto. Contribuiríamos con la ecología de manera participativa.

Sector privado

Un burrito con carreta, una camioneta, un camión con redilas, un camión de basura. Cualquiera sea el equipo, se beneficiarán con este nuevo modelo de transición. Aquí la competencia comienza no como un nuevo modelo de servicios, sino más bien como el nuevo modelo empresarial.

Dentro de 3 años van a tener oportunidad de participar en la primera licitación de contratos de 9 camiones recolectores de basura, con un máximo de 3 contratos y 27 camiones.

Por ejemplo en Ciudad Nezahualcóyotl se pondrían a disposición 14 licitaciones, hasta 14 nuevos empresarios que trabajen para la ciudad si cumplen con los requisitos de licitación. Una camada nueva de trabajadores con mayores oportunidades de escoger el patrón que más les convenga. Como patrón hay que poner el mejor plan de compensación que lo ponga a la cabeza en la industria. Hay que contratar a los mejores elementos.

Cuentas privadas

Todos tendrán posibilidad de obtener un contrato de servicio con el sector privado. El propietario del negocio y la compañía recolectora de basura tendrán oportunidad de socializar una relación de servicio, y lo más viable y lógico es hacer un contrato de servicios, atendiendo a las necesidades del negocio y a los servicios que la compañía se compromete a aceptar. Se recomienda el pago mensual. Hay que asegurarse de que en el contrato se haga el estimado de costo de la operación y de que el precio que se maneje sea justo para los negocios privados y para la compañía recolectora de basura.

La basura no va a ser pagada por medio de propinas, como actualmente se maneja en algunos casos. Hay que sacar el costo de operaciones: transporte, gasolina o diésel, deterioro del vehículo, mano de obra y, sobre todo, el costo del desperdicio más el porcentaje de ganancia (manejo de la basura).

Reciclaje

Con esta tendencia se eliminaría la compra directa por parte de personas civiles. Los pepenadores tendrían un trabajo estable con un salario competitivo, beneficios, seguridad y estabilidad en un mejor ambiente laboral, en vez de hacerlo voluntariamente sin ninguna garantía, solo la garantía de estar expuesto a enfermedades. ¿Por qué comprar reciclaje si las nuevas compañías van a cobrar por el servicio y obtendrán el material de manera gratuita, para posteriormente llevarlo a las instalaciones para su procesamiento? Este concepto reside básicamente en que no hay que buscar estos materiales, sino más bien hacer que los materiales vengan hacia nosotros. En vez de trabajar un mes viendo de dónde voy a generar mi salario, con este concepto y de forma formal, voy a preocuparme por generar mi cartera de clientes, voy a comenzar por registrar con las autoridades correspondientes mi negocio: mis vehículos, carretas, bicicletas, camionetas, remolques, cualquier unidad que pueda transportar basura o reciclaje. Posteriormente tengo que ofrecer mis servicios a los diferentes negocios del área. Habrá quien quiera economizar en el costo de la basura; entonces hay que participar en el plan de reciclaje. Van a ahorrar dinero y se podrán ofrecer dos tipos de servicios: uno de recolección de basura y el otro, de recolección de reciclaje. El cobro será mensual, de la misma manera en que se pagan la luz y el teléfono. Cuanto más grande sea la cartera de clientes, mayores serán las ganancias. También pueden poner a trabajar a la familia como agentes de ventas y darles una comisión por venta mensual, dinero residual hasta que el cliente deje de ser cliente.

Se usaría la misma logística para pequeños nuevos empresarios. Se puede ver la opción de tener a sus propios clientes que ofrezcan el servicio de reciclaje, cobrar por el servicio y llevar el material a un depósito y desecharlo de forma gratuita, o que se les pague por los materiales. Esto sería positivo para el negocio. Para que contrate los servicios, reduciría el costo de los desechos sólidos, con la participación en el plan de reciclaje.

Quiero dejar bien en claro que la sostenibilidad del negocio es mediante la venta y ejecución del servicio, NO con la venta de los materiales, al menos que se tenga una planta de separación con personal capacitado. La venta del servicio con contrato es ingreso asegurado por el término del contrato, dinero residual. Mientras esta cuenta esté activa, mes a mes se recibirá el cheque o efectivo del cliente por los servicios recibidos. Cuantos más clientes, más solvente será la compañía.

Plan Proyección

Enfoquémonos en Ciudad Nezahualcóyotl para usarla como referencia: no importa la ciudad si utilizamos el mismo concepto. Recuerden que los números son números y son perfectos.

Ejemplo

Ciudad Nezahualcóyotl cuenta con 87,559 negocios atendidos, algo así como el 30% del total de todas las casas habitadas en esta ciudad. Si tan solo se cobraran USD 10.00 mensuales por negocio por recolección de basura, se generarían USD 875,590, casi un millón de dólares mensuales, dinero residual que se generaría cada mes. La pregunta sería: ¿en qué lugar le gustaría estar?, ¿en la parte que recicla y participa o en la parte que cobra? Todos podremos ser parte de este movimiento como un cliente más, pero también como servidor. De los USD 87,559.00 que fluyen mes a mes, ¿no le gustaría obtener algo? ¡Claro que sí! No hay que aceptar propina como se hace en la actualidad: ahora es dinero seguro que se va a utilizar para contratar personal, para pagar impuestos, para hacer crecer el negocio. Un beneficio potencial es que este mismo dinero que se genere va a regresar a la comunidad, no como una compañía inversionista cuyo dinero de las ganancias envía a los corporativos, que muchas veces están fuera del país. Con mi modelo todo el dinero de las ganancias se va volver a gastar en la misma comunidad.

Los negocios en este plan de privatización tendrán que cumplir con el plan de reducción de desechos sólidos, ya que la municipalidad no les va a proveer servicio de recolección de basura a los negocios como un plan del municipio, para que las pequeñas empresas tengan una plataforma de inicio en su participación en esta industria.

En este plan de reducción de desechos sólidos, de igual manera las entidades gubernamentales estarían contempladas como un incentivo para el sector privado, como:

- 68 mercados
- 86,707 hogares atendidos
- 186 farmacias
- hospitales
- centros comerciales
- restaurantes
- 45 mercados rodantes
- 86 tiendas de autoservicio
- 46 lecherías
- 436 escuelas
- 80 escuelas medias superiores
- 18 escuelas superiores
- entidades gubernamentales
- estadios
- vecindades
- complejos habitacionales de departamentos

En este caso se harían licitaciones de igual manera que con los contratos residenciales, pero orientados hacia las pequeñas empresas que tengan capacidad de cumplimiento, pero únicamente las entidades que estén ligadas con el Gobierno. Las demás tendrán que buscar su propia compañía de manera independiente.

Este concepto es sencillo y muy simple: si se va a cobrar mensualmente, entonces se tiene que buscar un parámetro: peso y volumen. No se le va a cobrar lo mismo a una tienda que genera basura más ligera que la de un restaurante, cuya basura es más pesada. Esto se reflejará cuando paguen por tonelada en el tiradero de basura.

Para que este concepto funcione de forma efectiva, hay que entregar a los clientes botes de basura de 96 galones de capacidad. El bote de basura viene con llantas para hacer el contenedor más eficaz en cuanto a movilidad.

Bote azul de 65 galones de reciclaje. Bote café de 96 galones de basura.
Octubre de 2013. (Foto de Miguel Saavedra)

Es recomendable usar botes de 65 galones para reciclaje residencial. A veces los botes de 96 galones constituyen un problema de espacio, pero es otra opción para el cliente comercial. El cobro mensual por bote de basura rondará los USD 10.00 mensuales, a modo de ejemplo. Este precio estaría basado en una recolección de basura por semana al mes. Esto equivaldría a cobrar USD 2.5 cada vez que el bote recoja servicio. Si pensamos un poco, estaríamos cobrando algo semejante a lo que generan las propinas. Si tenemos en cuenta que cada vez que tiramos basura no es la misma cantidad que la de 96 galones, cuando hayamos logrado esa cantidad de basura, quizá ya hemos pagado más que lo que nos cobrarían durante un mes de servicio. Vamos a encontrar negocios generadores de desechos sólidos que generan cantidades industriales. A estos habría que ofrecerles otro servicio del cual ya hablaremos. Los botes solicitados determinarían la cantidad a cobrar por el servicio. Otra alternativa es que los negocios ahorren dinero mediante la participación activa en el plan de reciclaje; en este caso, un negocio nos daría la oportunidad de ofrecer dos servicios.

Contenedores de basura

Hay una gran oportunidad de negocio y un potencial de crecimiento. En este libro quiero ser ecuánime con todos, tanto los grandes empresarios inversionistas como esa clase trabajadora que sueña ser empresaria. (Lo van a lograr con deseo, dedicación y disciplina). Yo me comprometo a entregarles mis conocimientos en esta industria. Hablemos de los contenedores de basura.

Foto pública tomada de la página web de Miguel Saavedra

La imagen superior muestra un bote de 4 yardas de capacidad, que se levanta por el frente. Se llama *front in container*.

Foto pública tomada de la página web de Miguel Saavedra

La imagen superior muestra un *front in truck*. Este camión tiene un par de ganchos frontales con los que levanta los contenedores de manera frontal. Este tipo de camiones fue diseñado para la industria comercial. Es rápido. El conductor lo opera desde adentro. Normalmente se utiliza para la recolección en comunidades de apartamentos, centros comerciales, mercados, restaurantes, especialmente donde hay espacio de maniobrabilidad. Una ruta de este tipo de camiones normalmente es de no menos de 50 contenedores diarios. Algunos son los mismos clientes con servicio múltiple durante la semana. Recuerden que se cobra por contenedor y por la cantidad de servicio. Para que nuestra compañía funcione, hay que tener una cartera de clientes bastante grande para poder ofrecer este tipo de servicio y para que el equipo se pueda pagar. Retrocedamos un poco: si no tiene los recursos ni los clientes para aventurarse a este modelo de negocio pero quiere participar en la licitaciones de la municipalidad y en la recolección en los diferentes mercados centros comerciales o entidades gubernamentales, tan solo la participación en un solo mercado sería el equivalente a hacer el servicio todos los días por 7 días a la semana. Como pequeña empresa, este sería un buen incentivo del Gobierno para el sector privado.

Contenedores de cable trasero

Eduardo Molina con un contenedor de dos yardas de capacidad.
Camión de 11 yardas. Camión Freightliner 2003 / Wayne empacador. Abril, 2014.
(Foto de Miguel Saavedra)

La imagen superior muestra un camión de basura tradicional. El cable en la parte trasera hace que este camión sea más eficaz. Tiene la capacidad de recoger hasta contenedores de 3 yardas. La capacidad del vehículo, el tamaño, dependerá de la capacidad de levantamiento. Es decir, si el cable de este mismo camión recogiera un contenedor de 4 yardas con basura sólida y pesada, el eje delantero podría levantarse del piso. Pero, si el cable se instala en un camión de 20 yardas de capacidad, no ocurriría nada. El cable haría su trabajo de igual manera, y el peso del camión no permitiría que el eje delantero se levantara.

Este modelo de vehículos en el área comercial sería el comienzo de establecer una cartera de clientes, tales como:

- mercados
- centros comerciales

- mercados rodantes
- hospitales
- compañías industriales

Otro servicio es el reciclaje mezclado en un solo contenedor. Esto incentivaría la reducción de desechos sólidos y el reciclaje en estos negocios. Sería otra alternativa de servicio.

El crecimiento en este tipo de concepto de camión con cable trasero sería favorable y aumentaría la cartera de clientes, que posteriormente llevaría a la adquisición de un equipo más rápido y eficiente, el camión de ganchos frontales. Pero, como un inicio, el camión con cable trasero es la alternativa más viable y su ventaja es que es un camión empacador cuya única diferencia es su cable trasero. Esto implica solo el costo extra del sistema y de la instalación. Este sistema no es caro, y los beneficios son incomparables.

Un camión convencional de basura con levantador de botes de 65 galones y un cable trasero para contenedores de 3 yardas (el equivalente a $2.2937m^3$ o a 4 yardas) sería un gran inicio en este concepto de negocio. Un solo camión sería relativamente capaz de hacer todo sin necesidad de invertir en diferentes tipos de equipo de trabajo. Esto también generaría ahorro en el seguro del vehículo: se limitaría solo a uno.

Un mundo perfecto... Ya hemos hablado del vehículo perfecto, pero volvamos a la realidad. Actualmente se utiliza este tipo de transporte en algunas regiones; Ciudad Nezahualcóyotl es una de ellas. El crecimiento, entonces, sería relativamente lento. La utilización de animales que remolcan un carruaje es quizá mal visto por alguno, especialmente si hubiese algún maltrato animal (¿hay algún tipo de regulación para prevenir el abuso animal?). ¿Cuántas veces una carreta tiene que ir y venir durante el día? ¿Cuántas horas trabajan durante el día? ¿A qué hora comen y toman agua los caballos? Además, está el problema higiénico de los desechos orgánicos de estos animales.

En mi visita a México, Gualberto Guerrero me comentó que estaban contemplando la posibilidad de cambiar los caballos por motocicletas. Honestamente, no veo de qué manera puede tener éxito si lo único que se va a cambiar es el caballo y, además, la capacidad de remolque es clave.

- Recolección de servicios: basura, reciclaje.
- Un bote de 96 galones de basura color X.
- Un bote de 96 galones para reciclaje color (azul, verde limón).

Esto sería dos botes por casa. La meta sería generar 50% reciclaje, 50% basura. Inicialmente se usarían las plantas de separación existentes, que se encargarían de la separación y venta del material. Las plantas tendrían que cumplir con las reglas de seguridad, laborales y ambientales que se establezcan por los primeros 3 años de contrato.

En ese período la municipalidad evaluaría el costo de una planta procesadora de reciclaje, con capacidad industrial. Las compañías pequeñas seguirían sus operaciones por la parte privada. Negocios: casas multifamiliares, iglesias, mercados, centros comerciales, mercados rodantes y contratos pequeños de la municipalidad, escuelas (primarias y secundarias), preparatorias y universidades. No solo se beneficiarían con el reciclaje, sino también con el servicio de desechos sólidos. Los negocios que quieran ahorrar o reducir su costo en los desechos sólidos pueden reciclar como una alternativa. No solo reducen su costo, sino que también contribuyen al medioambiente. Cumplen con su obligación ciudadana.

Costo de los desechos sólidos

Lamentablemente, los tiraderos a campo abierto han creado un problema ecológico, social y de salud. Con el problema ecológico las nuevas generaciones y los nuevos pobladores han heredado un problema del pasado que actualmente no ha tenido solución y ha tenido muy poca participación gubernamental para tratar de resolverlo. Los tiraderos a campo abierto han hecho proliferar la cultura de la pepena, con personas que tratan de salir adelante y ponen en riesgo su propia salud. El tiradero a campo abierto ha generado, con el pasar de los años, el envenenamiento del subsuelo. Grandes cantidades de gas metano han sido depositadas en nuestro subsuelo, lo cual es un atentado contra los residentes y pobladores que viven en las cercanías de estos lugares, quienes temen una explosión en el subsuelo en cualquier momento. Con esto quiero concientizar sobre la importancia de fondos para limpiar y descontaminar el tiradero ya existente.

Tiradero de basura (manejo)

La propuesta es la creación de un tiradero de basura ecológico, con toda la tecnología del presente. Este tendría que estar localizado en un punto estratégico, fuera de las ciudades, más bien a campo abierto, con estudios previos de subsuelo, para evitar la contaminación de ríos subterráneos, por si hubiese una fuga del sistema de recuperación de gas metano.

En Estados Unidos el costo de basura actualmente se está cobrando a USD 29.00 la tonelada en algunos lugares (por ejemplo, en el

Tiradero, conocido en inglés como *Land fill))*, pero ese no es el costo real. Los lugares de transferencia de basura están cobrando un promedio de USD 55.00 la tonelada. Esto implica el costo del personal, la locación y el transporte hacia el destino final.

Si Ciudad Nezahualcóyotl estuviera transportando esta cantidad de basura al tiradero moderno, le estaría costando 1315 toneladas diarias × USD 55.00 de costo de tonelada = USD 72,325.00. Este sería el costo real por día. Hay que hacer un análisis del costo de los desechos sólidos y poder determinar cuál sería el costo por tonelada. Pero no hay alternativa: hay que hacerlo, y el no hacerlo va a ser grave.

Municipalidad

Con este modelo, la municipalidad tendría un control efectivo de todas las operaciones. El personal se reduciría a una plantilla más pequeña, pero más eficiente:

- División de licitación, control y estadísticas (logística).
- Jefe de división (planificación y ejecución).
- Asistente de jefe de división (planificación y ejecución).
- Jefe de división del área de Reciclados (logística).
- Supervisores de ruta con una credencial de inspector que los acredite como empleados federales o estatales (placa de inspector).
- Secretarias.
- Vehículos para el desplazo del personal de inspección, preferentemente camionetas.

División de Licitaciones

- Elaboración de licitaciones.

- Revisión de licitaciones.
- Entrevista con compañías postulantes
- Ejecución de pagos por servicios adquiridos.
- Línea abierta al público: preguntas, quejas.
- Creación de una legislación que apoye las normas, reglas y seguridad del personal, así como también la del público.

Sector privado con contrato municipal

- Financiación de equipo, con la aprobación de licitación.
- Cumplimiento de licitación.
- Cumplimiento de número de equipo de acuerdo a la licitación.
- Multas y penalización de la municipalidad por violación de la cláusula de contrato establecida, hasta la pérdida del contrato si no hay mejoras.
- Mantenimiento de operación en secuencia establecida.
- Registros de personal, tonelaje, etc.
- Plan de seguridad y su aplicación.
- Seguros de compañía
- Seguros de vehículos
- Paquete de beneficios para empleados no menor del 25% de salario base.
- Uniformes (camisas con fondo fluorescente, altamente visibles de día, con bandas retro reflectantes clase 2, altamente visibles de noche al ser iluminadas).
- Botas de trabajo.
- Permisos (expedidos por la municipalidad).
- Inspecciones (evaluación de equipo).
- Reuniones mensuales (evaluaciones de rendimiento de trabajo).
- Daños a la propiedad.

Reciclaje

Hablemos un poco del reciclaje y sus beneficios. Retomemos el ejemplo de la municipalidad de Ciudad Nezahualcóyotl como referencia. Este programa es aplicable en cualquier parte del mundo. Solo se necesita un análisis de proyección basado en información logística de la municipalidad y la ejecución del plan paso por paso, y a trabajar.

En la proyección del plan alternativo de reciclaje, sigamos con la información de Ciudad Nezahualcóyotl: 20,000 casas. Hacemos la ecuación entre 3 camiones y nos da un igual de 6,666.66 casas por camión por semana. Ahora dividamos las 6,666.66 casas entre los cinco días de la semana, que serían de lunes a viernes. Esto nos da como resultado 1,333.33 casas por camión al día. Ese sería el número mágico de casas para recolectar el material de reciclaje todos los días de la semana. El número de casas es alto porque solo se proyectó el 30% a tres años. El 30% de reciclaje estaría subiendo la cantidad en cuanto la comunidad se acostumbre y lo adopte.

Reducción de desechos sólidos

Al principio hablamos de 9,205 toneladas de desechos sólidos semanales. Si a esta basura le sustraemos un 30%, esto nos daría 2,761.5 toneladas de reciclaje semanal. Esta sería la meta de cantidad de reciclaje a procesar. Ahora dividamos las 2761.5 toneladas entre los 42.06 camiones de todo el municipio. Esto nos da 64.89 toneladas de reciclaje semanales por camión. Ahora dividamos las 64.89 toneladas de reciclaje entre los cinco días de la semana. Esto nos da como resultado 12.97 toneladas de reciclaje diarias por cada camión.

Si a las 9,205 toneladas de basura semanales que se manejan en el municipio de Ciudad Nezahualcóyotl se les reduce un 30%, esto nos daría como resultado 6443.5 toneladas de basura semanales. Ahora dividamos las 6443.5 toneladas entre los 56.08 camiones de basura proyectados. Nos da un resultado de 114.89 toneladas de desechos sólidos semanales. Ahora dividamos los 114.89 entre cinco días de la semana. Esto nos da como resultado 22.97 toneladas de basura por camión.

Cabe destacar que la municipalidad tiene 87,559 comercios atendidos. Esto significa oportunidad de negocio; sí, es cierto que las compañías privadas estarán buscando este tipo de clientes, pero esto no limita a las compañías con contratos municipales.

Reducción total de desechos sólidos

Ciudad Nezahualcóyotl actualmente genera 1,315 toneladas de basura diarias. Multipliquemos por 7 días de la semana = 9,205. Ahora multipliquemos por 4.33, que es el estimado mensual = 39,857.65 toneladas mensuales.

Plan alternativo sostenible de reciclaje

Con el estimado de reducción de desechos sólidos mediante un programa alternativo de reciclaje y una proyección de reducción del 30%, esto nos da un nuevo número de toneladas de basura. 39857.65 − 30% = 27,900.36 toneladas de basura.

Reducción total mediante servicios de desechos sólidos comerciales

Ya hemos establecido el total de reducción con el plan alternativo de reciclaje, y esto nos dio en promedio 22.97 toneladas de basura por camión. Hasta ese punto no habíamos contemplado la reducción de basura mediante compañías privadas.

87,559 negocios atendidos representan en promedio otro 30% en la totalidad de los desechos sólidos de Ciudad Nezahualcóyotl, y esto representa otro 30% del cual la municipalidad no sería responsable directa. Este sería el incentivo para comenzar nuevas compañías de basura y reciclaje partiendo de un 30% de los servicios que actualmente se recogen, hasta consolidarla, y posteriormente hacer licitaciones de contratos municipales.

Recordemos que a las 27,900.36 toneladas se les resta un 30% = 19,530.26 toneladas de basura mensuales. Se han reducido 20,327.39 toneladas entre la reducción de reciclaje y las que va a manejar el sector comercial. Ahora, volviendo al tonelaje por camión estimado que era de 22.97, hay que reducirlo a un -30%, que es el estimado que pasaría al sector comercial.

22.97 -30% = 16.08 toneladas de basura estimadas por camión municipal. Creo que no necesitamos ayuda de ningún camión de reciclaje.

Foto pública tomada de la página web (Imagen de Miguel Saavedra)

Cualquier modelo o esquema que aporte beneficios a la ecología y nuevos empleos será bienvenido pero, desafortunadamente, nada de esto es posible sin la buena voluntad de nuestros gobiernos. Se necesita una legislación y leyes que apoyen nuevos compromisos y, sobre todo, nuestro aporte a este planeta que tanto hemos deteriorado.

Yo les agradezco por su tiempo y me despido con una reflexión: una de las cosas que no podemos detener es el desarrollo. Hoy, con mi aporte, yo, Miguel Saavedra, estoy sembrando la semilla de un sistema probado y eficaz. En algún momento alguno de ustedes terminará diciendo: "Miguel está más loco que una cabra" o quizá dirán: "¡Ese gordito tenía razón!".

Vehículo de Elegant Recycling and Refuse Services
(Foto de Miguel Saavedra)

www.ingramcontent.com/pod-product-compliance
Lightning Source LLC
Chambersburg PA
CBHW030519290526
45786CB00004B/1536